燈塔與海市蜃樓
Lighthouse and Mirage

（張冠詩集）
（*Poems of Zhang Guan*）

張冠　著

美商EHGBooks微出版公司
www.EHGBooks.com

EHG Books 公司出版
Amazon.com 總經銷
2023 年版權美國登記
未經授權不許翻印全文或部分
及翻譯為其他語言或文字
2023 年 EHGBooks 第一版

ISBN-13：978-1-64784-227-7

目錄

其實我們早已相識

只是肉身還未相遇

所謂的平凡

睡著睡著就醒了
笑著笑著就哭了
吃著吃著就飽了
活著活著就老了

2020.4

廁所與髒話

上廁所
是對廁所的玷污
就像
說髒話
是對髒話的侮辱

2020.4

偉人的身份

人們好像從未發現
他們是
被上天
派到人間的臥底

2020.4

文藝男女

我的多情
是你的浪花
你的引力
是我的潮汐

2020.5

絢爛多彩

我沒有走遍世界的每個角落
但我知道它的顏色
它並不是非黑即白
它有很多色彩
就像
我沒有進入過外太空
但我知道它的樣子
它並不是一片漆黑
它應該絢爛多彩

2020.5

無題 I

在糞坑裡存活的是蛆
在壓迫下苟且的是奴
然而
在地下生長的是種子
在縫隙裡穿越的是光

2020.6

某種主義

對不起
我說的是平等
而
你說的是平均

2020.6

無題 II

浪漫
是善良者的花朵
就像
冷漠
是掠奪者的武器
武器孕育著戰爭
然而
花朵孕育著美麗

2020.6

相見

有些人近在咫尺
卻
視而不見
有些人遠隔萬里
卻
日夜思念
沒錯
有些人漸行漸遠
有些人註定相見

2020.6

假象

在你覺得
所謂低賤的領域裡
真相
不一定那麼骯髒
就像
在你覺得
所謂崇高的領域裡
真相
不一定那麼乾淨

2020.7

快樂與寂寞

即使千萬人簇擁
也不是我要的快樂
若你不懂我
那便是寂寞

2020.7

隔閡

你理解不了他的話
因為
你在世俗的世界裡無法自拔
就像
他理解不了你的美
因為
他在精神的世界裡了無牽掛

2020.7

位移

有人一直在走
甚至忘記了腳下的路
有人一直在攀
甚至翻越了最高的山
可無論怎樣
那也只是物理上的位移
而心靈
卻依舊孤單

2020.7

無題 III

歷史從未改變
真相從未走遠
這是一場
荒謬的盛宴
這是一場
徒勞的狂歡

2020.8

遠近長短

漂泊的時間越長
回家的時間越短
就像
距離群體越近
距離自己越遠

2020.8

標準

我有我的標準
你有你的標準
也有人喜歡
給他人制定標準
制定他認為正確的標準

2020.8

宗教與女人

宗教與女人
男人對前者很專一
而對後者則不同
然而
它們都可以成為
男人發動戰爭的理由

2020.9

蔥與戀

洋蔥與大蔥都是蔥
只不過
洋蔥是圓的
並且
它會讓人流淚
就像
暗戀與熱戀都是戀
只不過
暗戀是一個人
並且
它也會讓人流淚

2020.9

帥

他沉穩中透露著風趣
他幽默中透露著堅毅
他狂野中透露著溫柔
他多情中透露著真意
他
是帥的

2020.10

答案

沒有什麼確定答案
你所知道的
只是
在你有限的認知裡
僅僅的一種
你認為的可能而已

2020.10

某種群體

對不起
我說的是團隊
而
你說的是團夥

2020.10

爭執

每個人都有不同的經歷
他們以自己認為正確的觀點
去判斷
去猜忌
去分析
去推論
不同的人有不同的閱歷
他們判斷的標準不同
他們猜忌的方向不同
他們分析的方式不同
他們推論的結果不同
於是
他們之間產生了爭執
然而
爭執
是徒勞的
真正重要的是
找到自己的路

2020.10

偷偷地喜歡你

偷偷地喜歡你
不是我沒有勇氣
只是你的鮮花太美麗
偷偷地喜歡你
不是我太溫柔
只是你的香水味太濃
偷偷地喜歡你
不是我太腼腆
只是你的美在陽光下太刺眼
偷偷地喜歡你
不是我不敢愛你
只是我不想告白得太膚淺

2020.10

我是這樣地愛你

我是這樣地愛你
以至於天空都感動得哭泣
我是這樣地愛你
以至於星星都不願意離去
我是這樣地愛你
以至於大海都沒有了脾氣
我是這樣地愛你
以至於雨水都不忍心沖刷掉痕跡
我是這樣地愛你
以至於不需要華麗的詩句
我是這樣地愛你
以至於就這樣地
愛你

2020.10

創業

那些不是創業
他們只是製造了
一個又一個
為他們斂財的途徑
然而
真正的創業
是創造一個
屬於自己的世界

2020.11

范兒

那是一種
即使在物質的牢籠裡
也不被束縛的樣子

2020.11

名氣

那只是一個
人數上的概念
僅此而已

2020.12

性感

她很性感
因為
她解開的
不僅是衣扣
還有
風情

2020.12

原因

有人為什麼怕死去
因為
人生對他還有意義
就像
有人為何不願忘記
因為
他還在意

2020.12

做事

有的人
做了很多事
還有的人
指使別人
做了很多事

2020.12

最後的初吻

在那之後
你長大了

2020.12

意義

活著
並不是人生的意義
為什麼活著
才是

2020.12

所以

所以天空它是藍色的
因為你的心情是晴朗的
所以花朵它是鮮艷的
因為你的笑容是美麗的
所以大海它是寬闊的
因為你的懷抱是溫暖的
所以飛鳥它是無拘無束的
因為你的內心是自由的

所以淚水它是透明的
因為你的心靈是清澈的
所以夜空它是悠遠的
因為你的眼神是深邃的
所以我們想念著回憶著
因為我們曾經歷那一刻
所以美好總是短暫的
因為我們一次次地錯過

所以生活它是平淡的
因為我們忙碌著奔跑著
所以我們一定是堅強的
因為沒有欣賞的人路過
所以我們不是寂寞的
因為也許就在某一個角落
所以我不是孤獨的
因為你從未離開過
所以你也不是孤獨的
因為我從未離開過
所以我們不是孤獨的
因為我們從未離開過

2021.1

自私

說別人自私的人
是因為
別人的做法
沒有滿足他的自私

2021.2

自由行

我不需要行程表
我不喜歡被安排好的東西
何況它們還被寫在格子裡
我喜歡新鮮的風
和未曾見過的雨
我喜歡驚喜的瞬間
和隨時可能遇見的你
就算迷失在小巷裡
那裡也有獨特的風景

2021.3

那顆星

你聽
那裡沒有憂傷
你看
那裡也沒有風浪
那裡有光
多麼地明亮
那裡也有人在歌唱

而這卻裡人來人往
人們匆匆忙忙
可是
無論黑夜多漫長
也總有人在仰望

你在遠方
而我卻在想
那些古老的故事一直在流淌
我的夢歸何處
我來自何方
你是否也像我一樣
在流浪

生命就像是謎一樣
一轉眼就是那些時光
可是
你依然那麼地明亮
即使歲月
不聲不響

你在遠方
而我卻在想
那些孤單的孩子不要迷失了方向
我閉上眼打開窗
感到了自由和歡暢
我想
這才是
我們微笑的模樣

2021.4

岸邊的風景

隨波逐流的漂流瓶
逆流而上的皮划艇
然而
無動於衷的
是岸邊的風景

2021.4

無題 IV

人類
善於用人類的思想
去揣測神的意思
於是
神便有了人的性別
神便有了人的相貌
神便有了人的性格
神便有了人的慾望

2021.5

向南飛

那遙遠而真實的畫面
那美好清澈的一天
那時候我們圍坐在一個圈
把手帕丟在了誰的後邊

我打開日記的那一頁
擦去曾寫下的永遠
那憂愁而美麗的詩篇
那些年
一轉眼

向南飛，不後悔
即使你眼裡都是淚
你想念的人
你思念著誰
就像飄散的花蕾
向南飛，不後悔
就像那楓葉在秋天飛
你不後退
也不跟隨
向內心去追

你心中留戀的是一種美
還是對未知的體會
那生命終究是一場旅程
走過的人
還有流過的淚

2021.6

大自然

你說
你熱愛綠色的大自然
然而
你滿是欣喜地走進去
才發現
你被蚊蟲包圍

2021.9

對話

甲："我有錢"
乙："我有權"
甲："我有拳頭"
乙："我有槍"

2021.9

公平

在一切不公平面前
唯有死亡是公平的

2021.10

狼與狗

很多人喜歡聽話的狗
就像
很多人害怕孤傲的狼
沒錯
狗來自狗窩
而
狼來自曠野

2021.11

無題 V

衣冠楚楚的聰明人
在背地裡脫掉衣裳
然而
樸實無華的老實人
裸奔在前面

2021.11

把情書寫在五線譜上

把情書寫在五線譜上
我猜你喜歡我不拘一格的模樣
把情書寫在五線譜上
那些看不見的音符在遊蕩
把情書寫在五線譜上
好似記錄著難以理解的瘋狂
把情書寫在五線譜上
懂你的人就會吟唱

2021.11

你的淡妝讓我感覺濃烈

你的淡妝讓我感覺濃烈
你路過時的芬芳
不來自於散落在周圍的粉底
或是
瀰漫在空氣裡香水刺鼻的香氣

你的淡妆让我感觉浓烈
你若有所思的双眼
不依靠暗淡扩散的眼影
或是
蜿蜒深色的眼线

你的淡妝讓我感覺濃烈
你跳動飛舞的睫毛
不是隨時被拋棄的假象
或是
被液體固定住的上翹

你的淡妝讓我感覺濃烈
你柔軟的雙唇
不依賴於五顏六色的口紅
或是
閃著晶瑩的唇彩

你的淡妝讓我感覺濃烈
因為
你微微翹起的嘴角
已經暗示了一切

2021.11

有些人出現在你的生命裡

有些人出現在你的生命裡
他們出現的意義
就是在告訴你
你不要成為那樣的自己
就像
有些人出現在你的生命裡
他們出現的意義
就是在告訴你
無論如何
你們要在一起

2021.12

世界史

一次又一次的戰爭後
人們開始了反思
一次又一次的反思後
人們又開始了
一次又一次的戰爭

2021.12

誰的問題

人們把問題歸咎於社會
人們把問題歸咎於時代
人們把問題歸咎於金錢
然而
社會是人組成的
時代是人的所作所為造就的
金錢也是人鑄造的
那是誰有問題
這個問題
似乎
已經有了答案

2021.12

那一夜我們談論著

你說
春天就快來了
那時的夜不會再寒冷
當夜空佈滿星斗的時候
那些迷路的人抬起了頭

那時的我們
遠離人群去唱歌
唱到那太陽都落山了
疲憊的人早已脫掉了衣裳
而我們卻看著月亮

我們都知道
每天要快樂地度過
然後
無憂無慮地活著
然而
生活裡沒有如果
相逢
離別
又錯過

那一夜我們談論著迷惘
那一夜我們談論著憂傷
那一夜我們談論著理想
那一夜我們談論著過往

2021.12

唯一的你

唯一能夠指引你的
是你內心的那道光
然而
能發現那道光的人
只有唯一的你

2022.1

自大

並不是他自大
而是
說他自大的那些人自大
他們自大到
連自己都忘記了

2022.1

閣樓

你微弱的迴響
似乎
不能讓路過的人回頭
就像
你傾斜的屋頂
註定
承載不了太多的哀愁

2022.1

有你

張開嘴，說愛你
合上嘴，在想你
邁開腿，去追你
停下腳，在等你
伸出手，擁抱你
轉過身，去找你
睜開眼，在看你
閉上眼，在夢裡
因為，有你

2022.2

傲慢與自信

那不是自信
那是一種
遠離自我
卻不以為然的輕蔑
那是一種
被烏合之眾
滋養的傲慢

2022.2

流浪

離開那間房子
去搭起一座帳篷
賣掉那張床
然後去買一個睡袋
在床上
枕邊微弱的燈光
還有
混凝土的屋頂和墻壁
在睡袋裡
耳邊陣陣的微風
還有
夜空
穿過了帳篷的縫隙

2022.2

二手牛仔褲

那是一條二手牛仔褲
然而
褲子上面的破洞卻是新的
那是一條二手牛仔褲
然而
未知的是你腳下的路

2022.2

聽話

有的人被人喜歡
因為他們聽話
他們不但聽話
還會在人面前把頭低下
就像
狗被很多人喜歡
因為狗聽話
狗不但聽話
還會在人面前搖起尾巴

2022.2

打開你緊鎖的眉頭

打開你緊鎖的眉頭
醫生幫不了你
打開你緊鎖的眉頭
科學家幫不了你
打開你緊鎖的眉頭
哲學家幫不了你
打開你緊鎖的眉頭
藝術家幫不了你
打開你緊鎖的眉頭
你只有依靠你自己

2022.2

一場文藝演出

幾個拿著津貼的演員
在一座戰爭時代建設的劇場裡
演著一部
被主輩們都是名流的評委
評出的獲獎作品
日復一日
上班下班的觀眾
坐在台下
面無表情地觀看著
據說
演出的票是免費的

2022.2

慾望都市

城市
就像吃了春藥一般
勃起了
一座座
堅硬的高樓

2022.3

燙金小冊子

這是一本
燙金小冊子
沒錯
它的價值體現在
內容之外

2022.3

拉開窗簾

拉開窗簾
讓清晨第一縷陽光
照進窗台
它友好地問候著你朦朧的睡眼
帶著美好向你表白

拉開窗簾
讓清晨第一縷陽光
照進窗台
你輕輕張開堅硬的臂膀
忘掉過去
想到未來

拉開窗簾
讓清晨第一縷陽光
照進窗台
忽然間你似乎懂了
你閉上雙眼
只需感受現在

是的
你只需要
拉開窗簾
讓清晨第一縷陽光
照進窗台

2022.2

按摩

技師
正在按摩著
你緊張的肌肉
而
音箱裡面的爵士樂
正在按摩著
你渴望擺脫束縛的靈魂

2022.2

豐盛佳餚

一盤豐盛佳餚
擺在桌上
欣賞它美味的人
自然不會缺席
然而
與此同時
蒼蠅也會趕來

2022.3

她是美麗的

她是美麗的
她讓我胡思亂想
她讓我徹夜難眠
我希望
她想知道我內心的想法
就像
我想知道她內衣的品牌

2022.3

引號

我發現
我 "失去" 了很多的朋友
不對
應該是
我發現
我失去了很多的 "朋友"

2022.3

後悔藥

不必去尋找後悔藥
因為
後悔
本身就是一味藥

2022.3

永恆

沒有什麼是永恆的
就像
沒有什麼不是永恆的

2022.3

收割

他是“女神”收割機
但他不是“男神”
　“男神”在哪裡
　“男神”被男人收割

2022.3

完美關係

我們有各自的生活
然而
約會的時候
我們是在一起的

2022.3

完美關係

我們有各自的生活

遲

他發現一切都太遲了
他整天思考
他思考了一生
最後他猛然發現
媽的
重要的是行動

2022.3

喧鬧與靜寂

在燈紅酒綠的鬧市中
迷失的人仿佛死去
在漆黑一片的墓地裡
清醒的靈魂在歡愉

2022.4

不懂

或許
是我用胡亂的猜想
鎖住了我自己
其實
不懂的是我
而你
卻早已
解開了風情

2022.4

歲月無法磨平我的棱角

歲月
無法磨平我的棱角
反而
我的棱角被歲月打磨得
越發地光亮
歲月
無法磨平我的棱角
反而
我卻用我的棱角
將平淡的歲月劃開
讓光照射進來

2022.4

無題 VI

他
親吻了
一直掛在他胸前
那代表他寄託的信物
他
跪在了
一直擺放在那裡
那代表他信仰的雕像前
然後
他又一次開始
坦然地繼續著
他逆來順受的一生

2022.4

始終

有始有終
是限制
無始無終
是自由

2022.4

男人和女人應酬的時候

男人和女人
應酬的時候
性質是一樣的
只是
一個在酒桌上
一個在床上
一個出賣尊嚴
一個出賣身體

2022.5

人數

人數的多少
說明不了什麼問題
烏合之眾
就是在人數上勝出的

2022.5

真實與虛構

故事是虛構的
但在它背後
人性卻是真實的
就像
生活是真實的
但在它背後
人性卻是虛假的

2022.5

世界

你不需要
去改變一個世界
更不需要
去適應一個世界
你需要的是
去創造一個世界
一個屬於你自己的世界
在這個世界裡
你就是幸福的王者

2022.5

無題 VII

我喜歡海浪
還有
你那不羈的模樣

2022.5

發生

一切看似正在發生
一切又好像從未發生
一切看似從未發生
一切又好像已經發生
一切看似不會發生
一切又好像正在發生

2022.6

癡情

即使我眼含熱淚
也無法融化你的絕對
就像
我手中拿著玫瑰
也無法換來你的香味

2022.7

當我們轉身的時候

我們都忘了
彼此就在身邊
於是
當你轉身的時候
我卻想著追趕
當我轉身的時候
你卻想著遙遠

2022.9

實事求是

苦難就是苦難
它並不值得歌頌
就像
平凡就是平凡
它並不值得稱讚

2022.10

關於作品

《燈塔與海市蜃樓》是張冠創作出版的第四本詩集，詩集收錄了作者從二零二零年至二零二二年期間創作的部分詩歌。

關於作者

張冠，作家、詩人、導演；曾出版長篇小說《誰把流光辜負了》《情書》《另一種蹉跎》《檸檬》《單車》《無處安放》《檸檬 2》；詩集《遙遠的地方有個秘密》《火車、時間與遐想》《漫遊》；中短篇小說集《烏托邦裡的白日夢》，其作品在台灣、中國大陸、美國、加拿大、英國、法國、日本、新加坡等多個國家和地區發行。

作者官方網站：www.zhangguan.net

張冠詩集

燈塔與海市蜃樓

作　　者／張冠（Zhang Guan）

作者專頁：www.amazon.com/author/guan.zhang

出版者／美商 EHGBooks 微出版公司

發行者／美商漢世紀數位文化公司

臺灣學人出版網：www.TaiwanFellowship.org

地　　址／106 臺北市大安區敦化南路 2 段 1 號 4 樓

電　　話／02-2701-6088 轉 616-617

印　　刷／漢世紀古騰堡®數位出版 POD 雲端科技

出版日期／2023 年 11 月（亞馬遜 Kindle 電子書同步出版）

總經銷／Amazon.com

臺灣銷售網／三民網路書店：www.sanmin.com.tw

　　　　　三民書局復北店

　　　　　地址/104 臺北市復興北路 386 號

　　　　　電話/02-2500-6600

　　　　　三民書局重南店

　　　　　地址/100 臺北市重慶南路一段 61 號

　　　　　電話/02-2361-7511

全省金石網路書店：www.kingstone.com.tw

定　　價／新臺幣 450 元（美金 15 元／人民幣 100 元）

www.ingramcontent.com/pod-product-compliance
Lightning Source LLC
Chambersburg PA
CBHW061436160726
47995CB00003B/921